Gesetz der Anziehung

Wie Sie negative Gedanken loswerden, positives Denken etablieren und mit Visualisierung und Manifestation das erreichen, was Sie sich wünschen

Elena Bluhm

INHALT

Weshalb Ihre Gedanken über mehr Macht verfügen, als Ihnen bewusst ist

Das Gesetz der Anziehung, Resonanzgesetz oder im Englischen 'Law of Attraction' genannt. Vielleicht haben Sie schon einmal davon gehört oder sich sogar schon damit auseinandergesetzt.

Geht man nach den Aussagen von Helena Petrovna Blavatsky, zählt das Gesetz der Anziehung zu den universellen Gesetzen. Demnach gilt es immer und überall, zu jeder Zeit, für jeden für uns, auch für Sie. Viele Menschen denken dabei an Mystik oder sogar an Magie, jedoch ist das Gesetz der Anziehung genauso real wie das der Schwerkraft. Das erste Mal verwendet wurde der Begriff 1877 in einem Buch der Okkultistin Helena Petrovna Blavatsky. Über die Jahre nahm das Gesetz der Anziehung immer mehr Einzug in die Literatur der Selbsthilfe und der Selbstheilung.

Heutzutage begeistern die Methoden und die Wissenschaft der gesetzlichen Anziehung viele Menschen auf der ganzen Welt. Der Grund dafür? Immer mehr Personen sind unzufrieden mit sich selbst, mit ihren Lebensumständen und ihrem monatlichen Einkommen. Sie haben das Gefühl, eine endlose Pechsträhne zu haben, die einfach nicht abreißen will. Sie verlieren sich in negativen Gedankengängen, welche früher oder später auch ihre Außenwelt beeinflussen wird.

Und genau an dieser Stelle kommen wir zum springenden Punkt: Das Gesetz beruht auf der Theorie, dass Gleiches Gleiches anzieht. Sprich:

Das, was Sie ausstrahlen, werden Sie auch wieder anziehen. Gehen Sie also mit einer positiven Einstellung durch Ihr Leben, werden Sie dementsprechend auch positive Dinge anziehen. Gehen Sie wiederum als Miesepeter durch Ihr Leben, werden Sie das Negative förmlich anziehen.

Nun liegt es an Ihnen, in welche Richtung Sie gehen möchten, denn jeder Gedanke, den Sie denken, wird automatisch einen ähnlichen Gedanken mit sich ziehen. Denjenigen, die dieses Wissen für sich nutzen und Ihre Gedanken bewusst steuern, öffnen sich viele Türen in ihrem Leben, da sie positive Offenheit und Empfängnis ausstrahlen. Wie Sie am besten Ihr negatives Gedankenkonstrukt gegen ein Positives tauschen und was genau alles hinter dem Gesetz der Anziehung steckt, werde ich Ihnen Schritt für Schritt erklären.

Aber lesen Sie doch einfach selbst und starten Sie Ihren Weg zum Glück noch heute!

Das Gesetz der Anziehung

WAS STECKT DAHINTER?

Kommen wir nun zu dem grundlegenden Prinzip dieses Gesetzes. Jeder von uns, auch Sie, produziert durchschnittlich um die 60000 Gedanken am Tag. Das ist eine beachtliche Menge und genau deshalb ist es so wichtig, diese richtig zu steuern.

Bereits 600 v. Chr. Sprach Buddha:
„Alles, was wir sind, ist das Ergebnis dessen, was wir gedacht haben."

Ist Ihnen schon einmal aufgefallen, dass jemand, der ständig jammert, das Pech förmlich anzieht? Das liegt daran, dass sich ein Mensch mit einer negativen Grundeinstellung eher auf alles Negative in der Welt fokussiert.

Oder vielleicht erinnern Sie sich gerade an einen miesen Tag zurück und Ihnen wird bewusst, dass auch zu diesem Zeitpunkt schon das Gesetz der Anziehung seine Finger im Spiel hatte.

Denn sind wir mal ehrlich: Starten Sie schlecht in einen Tag, dann verläuft dieser meistens von Stunde zu Stunde immer mieser. Sei es, dass Sie kein Kaffeepulver mehr zu Hause haben, wobei Sie sich doch so darauf gefreut hatten, oder sei es zu einem späteren Zeitpunkt am Parkplatz des Supermarktes, auf welchem Sie keinen freien Parkplatz mehr finden können.

All das wurde bereits am Morgen festgelegt, als Sie bereits mit negativen Gedanken aufgestanden sind. Das muss nicht einmal bedeuten, dass Sie direkt nach dem Aufwachen schlechte Laune hatten. Es kann zum Beispiel daran liegen, dass Sie schlecht geschlafen haben und Ihnen, sprichwörtlich gesagt, jeder Knochen wehtut.

Das Gesetz der Anziehung baut auf dem Gedanken auf, dass Gleiches Gleiches anzieht. Oder um es kurz auszudrücken: Negatives zieht Negatives an, während Positives Positives anzieht. Ihre innere Einstellung ist es, was auf Ihre äußeren Umstände Einfluss hat, so die Theorie. Auf einen schönen Gedanken folgen also demnach schöne Gefühle. Ihr Lieblingssong im Radio, den Sie lautstark aufdrehen und dazu mitgrölen, das Anschauen alter Fotos, die bei Ihnen schöne Momente in Erinnerung rufen. All das löst zum Beispiel positive Schwingungen in Ihnen aus.

Ändern Sie Ihre Gedanken, ändern Sie somit auch Ihr ganzes Leben, weil nur Sie selbst der Schlüssel zu Ihrem persönlichen Glück sind. Also beginnen Sie damit, Ihr Leben zu kontrollieren, und hören Sie auf, sich kontrollieren zu lassen. Vielleicht fragen Sie sich jetzt, warum unsere Gedanken und Gefühle unser Leben so derartig beeinflussen. Das alles geschieht aufgrund sogenannter Schwingungen. Denn das Gesetz der Schwingung besagt Folgendes: Das, was wir ausstrahlen, werden wir auch empfangen.

Der Spiegel Ihres Bewusstseins

D enken Sie doch nun zurück an Ihre Jugend: Mit Sicherheit hatten Sie damals eine völlig andere Meinung zu einem Thema als heute. Ihre Denkweise hat sich schlicht und einfach verändert.

Unser Bewusstsein verändert sich über die Jahre ebenso wie unser Aussehen. Dies hängt damit zusammen, dass sich Ihre Denkweise nach dem Bedürfnis innerer Harmonie richtet.

Ihre äußeren Umstände sind so gesehen der Spiegel Ihres Bewusstseins und Ihrer Einstellung, ob nun positiv oder negativ. Das bedeutet, worauf auch immer Sie Ihre Aufmerksamkeit richten, wird früher oder später in Ihr Leben zurückkommen.

Ich möchte Ihnen noch ein Zitat mit auf den Weg geben, welches ich einmal gelesen habe und welches auch mich ehrlich zum Nachdenken gebracht hat: „Es ist eine ziemlich harte und schwer zu fassende Erkenntnis ..., dass buchstäblich jede Person, mit der wir in Kontakt kommen, alle Ereignisse und alle Umstände, die uns widerfahren, die Herausforderndsten und Schönsten nicht 'mit uns gemacht' werden, sondern von uns."

Die Wirkung unserer Gedanken

WAS MAN UNTER KONDITIONIERTEN GEDANKEN-MUSTERN VERSTEHT

S ie erzeugen Energie, egal, ob Sie schlafen, einen Kaffee trinken oder sich einen Film ansehen. Diese strahlen Sie mit jedem Gedanken, den Sie denken, und mit jeder Tätigkeit, die Sie ausführen, aus. Das ist nichts Ungewöhnliches, sondern ein rein physikalischer Vorgang, der in Ihrem Gehirn abläuft. Mit jedem Gedanken werden elektromagnetische Impulse produziert.

Diese werden dann an den Körper zur weiteren Ausführung weitergeleitet.

Ihr darauffolgendes Verhalten, also Ihre Emotionen, Handlungen und Worte, sind nichts anderes als das Ergebnis Ihrer Gedanken. Sämtliche elektromagnetischen Schwingungen können ungehindert in Ihren Körper dringen, da weder Ihre Muskeln noch Ihr Kopf oder Ihre Haut über einen Abschirmmechanismus verfügen. Dazu zählen alle Energien, die auf Ihre Gehirnstrukturen treffen.

Ist Ihr Gegenüber also beispielsweise schlecht gelaunt, wird er dementsprechend eine Schwingung aussenden, die seiner Laune entspricht. Da Ihr Körper allerdings, wie bereits oben erwähnt, über keinen Abschirmmechanismus verfügt, werden die negativen Schwingungen Ihres Gegenübers direkt von Ihrem Inneren aufgenommen. Wenn auch Sie dann schlechte Laune bekommen, bedeutet das, dass Sie mit der empfangenen Energie in Resonanz kom–men, da Ihre eigenen Schwingungen nun identisch mit jenen sind, die Ihr Gegenüber zu Beginn ausgestrahlt hat.

ES IST IHNEN EGAL

Stimmt zum Beispiel in einer Situation die Frequenz nicht mit Ihrer überein, dann werden Sie dementsprechend auch kaum darauf reagieren. Es ist Ihnen schlichtweg egal.

Dadurch, dass die Schwingungen nichts in Ihnen auslösen können, werden sie auch keine Resonanz finden, und sie haben somit auch keine Wirkung und keine Anziehung mehr auf Sie. Zusammenfassend gesagt, besteht unser Energiefeld aus den Schwingungen, die unser Herz, unser Hirn und unser gesamter Körper ausstrahlen. Für dieses gelten die gleichen physikalischen Gesetze, sprich: Umso mehr unser Energiefeld mit dem eines anderen Wesens übereinstimmt, umso eher kommen wir damit in Resonanz.

WIE UND WO WERDEN UNSERE GEDANKEN GEFORMT?

Unser Nervensystem ist dafür verantwortlich, Informationen und Anschauungen zu empfangen und zu verarbeiten. Ihr Gehirn ist ein riesiger Speicherplatz, alles, was Sie bisher erlebt haben, und alles, was Sie noch erleben werden, wird einen Abdruck in Ihrem Kopf hinterlassen.

Demnach können Dinge, die Sie als Kind sehr geprägt haben, seien es schöne oder unschöne Vorkommnisse, Sie auch heute noch stark beeinflussen.

Vielleicht sind Sie als Kind einmal vom Pferd gestürzt und Sie trauen sich heute noch nicht zurück in den Sattel. Ihr Gehirn hat dieses Vorkommnis damals abgespeichert und es taucht immer dann auf, wenn Sie erneut mit einer vergleichbaren Situation konfrontiert werden.

Vielleicht leiden Sie aber auch an Verlustängsten, da Sie sich schon zu oft ungewollt von Menschen aus Ihrem Leben trennen mussten. Sprich: Diese Ängste plagen Sie im Alltag, obwohl diese

Vorkommnisse vielleicht schon Jahre zurückliegen. Anders gesagt, ist unser Bewusstsein nur der Spiegel des bereits Erlebten.

All die Liebe, die Sie erfahren haben, all der Schmerz, den Sie eventuell ertragen mussten, haben zu Ihrem heutigen Bewusstsein beigetragen. Die Wurzeln Ihrer negativen Gedanken können also bis zu Ihrer Kindheit zurückführen. Deshalb ist es so wichtig, zu erkennen, wo der Kern Ihrer Gedanken liegt.

Positive und negative Schwingungen

Vielleicht fragen Sie sich jetzt: „Können Schwingungen mein Leben wirklich so sehr beeinflussen oder ist das alles nur Einbildung?" Doch wollen wir zuerst einmal kurz darüber sprechen, was genau diese Schwingungen eigentlich sind. Alles um uns herum und auch Ihr Körper bestehen zu 100 % aus Energie. Da diese ständig in Schwingung ist, ist unser Körper von einem unsichtbaren elektromagnetischen Feld umgeben. Dieses Feld wird umgangssprachlich auch Aura genannt.

Das bedeutet, dass mit jeder Begegnung zweier Menschen ein Energieaustausch stattfindet. Dieser Moment des Aufeinandertreffens kann noch so kurz und von noch so wenig Bedeutung sein, dieser Austausch wird stattfinden.

Sei es der unfreundliche Kassierer beim Bäcker morgens, der Ihre gute Laune trübt oder auch ein anderer Verkehrsteilnehmer, der Ihnen die Vorfahrt nimmt.

Vielleicht treffen Sie jedoch einen alten Schulkameraden wieder, mit dem Sie sich damals super verstanden haben, und plaudern über die guten alten Zeiten. Dies wird ein Gefühl von Glück in Ihnen auslösen und Ihnen mit großer Wahrscheinlichkeit gute Laune bescheren, da Sie sich gerade an schöne Momente zurückerinnert haben. Schon im Physikunterricht in der Schule haben Sie gelernt, dass Energie entweder positiv oder negativ ist. Man kann sie nicht zerstören, nur verändern. Bereits Albert Einstein sagte einst: „Alles ist Energie! Gleiche dich der Frequenz der Realität an, die du haben möchtest, und du kreierst diese Realität. Das ist keine Philosophie. Das ist Physik." Über welch enorme Kraft Ihre Gedanken verfügen, hat besonders ein Experiment schon bewiesen:

Dr. Masuru Emoto verblüffte damals alle mit seinem Experiment, das die Kraft des Fokus und der intensiven Absicht mehr als deutlich machte. Er füllte zwei exakt gleiche Gefäße mit normalem Trinkwasser der gleichen Quelle. Anschließend wurde einem der Gefäße Musik vorgespielt, ihm wurden Gebete vorgelesen und man sprach dem Gefäß mit positiven Worten gut zu. Das andere Gefäß wiederum wurde komplett ignoriert, lediglich negative Worte wurden darauf geklebt. Anschließend wurden beide Gefäße eingefroren. Das Ergebnis? Verblüffend.

Das erste Gefäß, welchem gut zugeredet wurde etc. entwickelte wunderschöne und fast symmetrisch identische Eiskristalle. Das Wasser, welches ignoriert wurde und welches man mit negativen Worten gekennzeichnet hatte, gefror zu einem hässlichen Muster. Die Arbeit des Doktors zeigte deutlich, welchen Einfluss Musik, Worte und Aufmerksamkeit auf die Realität haben. Und hierbei dürfen Sie nicht vergessen: Ihr Körper besteht zu etwa 70 % aus Wasser!

Unabsichtliche Anziehung

Vielleicht haben Sie sich auch schon des Öfteren in Situationen wiedergefunden, in denen Sie sich dachten:

„Warum immer ich und nicht einmal die anderen?"

„Kann es nicht einmal so laufen, wie ich es gern hätte?"

„Wieso ziehe ich das Pech förmlich an?"

Diese negativen Umstände sind meistens das Ergebnis der sogenannten unabsichtlichen Anziehung.Diese entsteht, wie es der Name schon verrät, unterbewusst. Das bedeutet, Sie werden zwar stark davon beeinflusst, aber bekommen davon nicht wirklich etwas mit. Wie das möglich sein kann, fragen Sie sich?

Das Denken ist eine Gewohnheit, die ganz von allein geschieht. Das Gehirn verarbeitet unterbewusst alles Erlebte. Diesen Vorgang bezeichnet man in der Wissenschaft auch als „Priming". Ich zähle Ihnen einfach ein paar Punkte auf, die für eine unabsichtliche Anziehung sorgen.

Punkt 1:

Sie reden sich ein, bestimmte Dinge einfach nicht schaffen zu können. Sei es ein bestimmter Arbeitsauftrag Ihres Chefs, eine berufliche Umorientierung oder auch Ihre Gesamtsituation.

Mit negativen Gedanken werden Sie Ihr Ziel nicht erreichen.

Punkt 2:

Sie lenken all Ihre Kraft und Ihre Gedanken in eine negative Richtung. Hierbei sehen Sie nur noch das Problem, Sie fokussieren sich nur darauf, wie schlecht Ihre aktuelle Situation ist. Einen möglichen Lösungsansatz zu finden, verschwindet dabei komplett aus Ihren Augen.

Punkt 3:

Sie haben sich ganz einfach damit abgefunden. Sie haben akzeptiert, dass es nun einfach nicht so läuft, wie Sie es sich wünschen. Somit sind die Schuld und die Verantwortung für die Situation schnell abgegeben. Einzig und allein die Macht der Gewohnheit ist es, die Sie davon abhält, Ihre alten Gewohnheitsmuster zu durchbrechen.

Der psychologische Aspekt

Zuerst möchte ich sagen, dass es sich hierbei nicht um die Psychologie der Anziehung in Bezug auf romantische/zwischenmenschliche Beziehungen geht, sondern vielmehr um eine Hypothese zur Persönlichkeitsentwicklung. Die Wurzeln dieser Thematik liegen in der klassischen Theosophie und in der New-

Age-Bewegung, welche an Energiefelder und jene Kräfte glauben, die das Universum zusammenhalten. Dieser Glaube ergibt die einfachste Formulierung dieses Gesetzes, demzufolge sich bestimmte Energien – bestimmte Gedanken – zu unserem Vorteil auswirken können.

Jedoch entsteht unser mentaler Zustand durch feine, harmonische Vibrationen, die durch Ihr Denken verursacht werden.

Ein Gedanke, der also für Sie wichtig zu sein scheint, bekommt eine besondere Bedeutung und wird somit in Ihrem Unterbewusstsein abgespeichert. Dieser Gedanke kann sowohl mit positiven als auch mit negativen Emotionen verbunden sein.

Dieser lässt dann Ihre Aufmerksamkeit selektiv werden und somit fokussieren Sie sich auf Reize, die dem Gedanken ähnlich sind. Dazu möchte ich gern ein Phänomen aus der menschlichen Psyche anführen, das sogenannte „Briefkasten-Prinzip" oder im Englischen „unconscious goal priming".

Mal angenommen, Sie möchten heute noch einen Brief versenden. Ihr Gehirn wird diese

Information abspeichern und sucht nun nach Möglichkeiten, diesen Plan in die Tat umzusetzen. Sobald Sie Ihr Zuhause verlassen, werden Ihnen plötzlich überall Briefkästen auffallen, die Sie zuvor noch nicht einmal registriert haben.

Dieses Beispiel lässt sich auf alles Mögliche übertragen. Das Gesetz der Anziehung spricht also Aspekte an, die in verschiedenen psychologischen Disziplinen durchaus relevant sind.

Zum einen wäre das die kognitive Theorie. Hierbei dreht sich alles um das Thema lernen. Besitzen Sie nämlich die Kenntnis über mentale Prozesse, wie etwa Wahrnehmung und Gedächtnis, wird Ihnen dies sehr behilflich sein, nämlich dann, wenn Sie neues Wissen erwerben und Veränderungen herbeiführen wollen.Ihr persönliches hilft Denken sehr dabei, Ihre Ziele zu erreichen.

Zum anderen gibt es noch die kognitive Verhaltenstherapie. Sie lehrt uns, dass unsere Gedanken der Ursprung unserer Emotionen und unseres Verhaltens sind. Wenn Sie beschließen, Ihre

Probleme beiseitezuschieben und standhaft zu bleiben, um Ihr Ziel zu erreichen, wird dieser Gedanke schließlich Ihre Fähigkeit bestimmen, Ihre Träume auch zu verwirklichen.

Sie sehen, eigentlich müssten wir das Gesetz der Anziehung um das Gesetz des Handelns ergänzen. Denn nur, wenn Sie beginnen zu handeln, werden Sie Fortschritte erreichen. Seien Sie sich aber auch bewusst, dass jeder Erfolg einer enorm großen Kraftanstrengung bedarf.

Die Wissenschaft dahinter

D as Gesetz der Anziehung ist ein universelles und wissenschaftlich erprobtes Gesetz, welches heutzutage in der modernen Wissenschaft bereits etabliert und anerkannt ist. Die Wissenschaft bewies zwei relevante Dinge, die mit dem Gesetz der Anziehung in Verbindung stehen.

> <u>Erstens:</u> Es besteht alles aus Energie, eine feste Materie existiert nicht.
>
> <u>Zweitens:</u> Sind Sie selbst von etwas fest überzeugt, dann wird es genauso eintreten.

Hier möchte ich Ihnen nun zwei Experimente zur Veranschaulichung zeigen.

Das Experiment im Jahre 1979:

Während dieser Studie, welche für eine Woche durchgeführt wurde, wurde der Alterungsprozess von Menschen unwissentlich an Senioren getestet. Diese waren alle zwischen 70 und 80 Jahre alt und wurden zum Start des Experimentes in zwei Gruppen aufgeteilt. Ihre Aufgabe war es, gedanklich für 20 Jahre in die Vergangenheit zu reisen.

Gruppe 1 sollte sich dieses Szenario nur vorstellen, während sich die zweite Gruppe komplett angepasst verhalten sollte.

Gruppe 2 sah sich Filme aus dieser Zeit an, hörte die Musik von damals und diskutierte sogar über die vor 20 Jahren aktuellen Themen.

Das Ergebnis dieser Studie zeigte, dass beide Gruppen sich gesundheitlich stark verbessert haben. Gruppe 2 schloss trotzdem noch ein Stück besser ab. Es waren die Blutwerte gesunken und bei manchen hatte sich das Seh- und Hörvermögen deutlich verbessert.

Das Experiment im Jahre 1993:
Dieses Mal schlossen sich freiwillig 4000 Menschen in Washington D. C. zusammen, um gemeinsam für weniger Kriminalität zu meditieren. Bereits nach einem Monat sank die Kriminalitätsrate in Washington D. C. um ganze 25 %!

Die Kirschblüten-Mäuse
Brian Dias, der an der Emory University School of Medicine in der Forschung tätig war, glaubte daran, dass die Erfahrungen von früheren Generationen den physischen Bau der zukünftigen

Nachfahren beeinflussen. Beispielsweise hatten die Kinder der Überlebenden der niederlän–dischen Hungersnot 1944 ein deutlich geringeres Geburtsgewicht und einen schlechteren Gesundheitszustand als üblich.

Für ihr Experiment ließen Dias und Dr. Kerry Ressler Mäuse an Kirschblüten riechen. Jedes Mal, wenn die Mäuse den Geruch wahrnahmen, bekamen sie leichte, aber dennoch spürbare Elektroschocks.

Zur gleichen Zeit wurden andere Mäuse keinem oder einem anderen Duft ausgesetzt. Die Kirschblüten-Mäuse paarten sich und die neue Generation wurde zum ersten Mal dem Duft von Kirschblüten ausgesetzt. Obwohl sie weder Geruch noch Geschmack kannten, reagierten die jungen Mäuse äußerst sensibel auf den Duft. Sobald sie ihn auch nur in geringen Mengen wahrnahmen, vermieden sie es nach Möglichkeit, in dessen Richtung zu laufen. Selbst die Mäuse der dritten Generation erbten die genetische Abneigung gegen den Duft der Kirschblüte. Die andere Kontrollgruppe der Mäuse jedoch, welche nicht mit selben Kondi–tionen unterzogen wurden, reagierten völlig normal auf das Aroma. Um zu sehen, ob die Mäuse ihre schlechten Erfahrungen an ihre Nachkommen kommunizierten, wurden einige Studien durchgeführt, doch dies war nicht der Fall.

Die Mäuse, denen beigebracht wurde, Kirschblüten zu fürchten, zeigten einen deutlich höheren Wert an chemischen Rezeptoren für den Duft. Das bedeutet im Endeffekt, dass dieser Zustand ausschließlich über die Genetik und nicht durch Kommunikation weitergegeben wurde. Ängste und eingeschränkte Selbstvorstellungen können also genetisch erworben werden, sprich, es wurde an Sie weitervererbt.

Die gute Nachricht ist, dass die von Ihnen zurückgehaltenen Überzeugungen neu programmiert werden können.

Es liegt also an Ihnen, was Sie aus Ihrer Situation machen.

Wie sich positive Gedanken auf Ihre Gesundheit auswirken

Wir kennen Sie alle: Die nahezu klischeehaften, positiven Sprüche, welche in Kalendern, Zeitschriften und auf Postern zu finden sind.

„Manchmal muss man es einfach so lange regnen lassen, bis die Sonne wieder scheint."
„Das Glas ist halb voll, nicht halb leer."

Sind wir ab und an auch genervt von Menschen, die uns diese gut gemeinten Sprüche mit auf den Weg geben, gehen Forscher allerdings davon aus, dass diese Weisheiten lebensverlängernd und gesundheitsfördernd wirken.

Was in Ihrem Hirn passiert, beeinflusst das, was in Ihrem Körper passiert, da sind sich die Forscher einig.

Bereits frühere Studien zeigten eine Verbindung zwischen einer positiven Lebenseinstellung und der Gesundheit auf.

Diese äußert sich zum Beispiel durch niedrigeren Blutdruck, bessere Gewichtskontrolle, einen gesünderen Blutzuckerspiegel oder durch eine geringere Anfälligkeit für Herzerkrankungen. Auch bei unheilbaren Erkrankungen können Sie Ihre Lebensqualität erheblich durch positive Gedanken verbessern.

Dass Krebs nicht von selbst heilt, ist natürlich klar. Trotzdem können Betroffene ihre Lebensqualität deutlich verbessern, indem sie sich bewusst mit ihrer Lage auseinandersetzen und mit positiven Gedanken entgegensteuern.

DOCH WAS BEWIRKEN POSITIVE GEDANKEN IN UNSEREM KÖRPER?

Der Wissenschaft fehlen zwar aktuell noch weitere Forschungsergebnisse, um genaue Angaben zu dieser Wechselwirkung offenzulegen, jedoch legte die Forschung des israelischen Instituts für Technologie in Haifa einen Teil davon offen.

Diese zeigte, dass bestimmte Teile des Immunsystems durch das Glückshormon Dopamin aktiviert werden. Das bedeutet, sobald Ihr Hirn größere Mengen an Dopamin ausschüttet, werden im Körper sogenannte Fresszellen angeregt, welche Krankheitserreger bekämpfen.

Sogar die Anti-Körper im Blut sollen sich vermehren. Durchgeführt wurde diese Studie an

Mäusen, jedoch hatten sie keinerlei Zweifel daran, dass in einem Menschen ähnliche Mechanismen wirken. Somit hätten sie eine Erklärung für den sogenannten Placebo-Effekt gefunden.

Placebo-Effekt

Hierbei wird einem Patienten versichert, dass ein bestimmtes Medikament eine besondere Auswirkung auf seine Gesundheit haben wird, was im Patienten eine positive Erwartungshaltung auslöst.

Die Wirkung von Schmerzmitteln beispielsweise kann positiv beeinflusst werden, da sich im Gehirn die Neurochemie verändert hat.

WIE SIE POSITIVE EMOTIONEN FÖRDERN

An der Northwestern University Feinberg School of Medicine in Chicago, wurden von der Professorin Judith T. Moskowitz acht Fähigkeiten entwickelt, um positive Emotionen zu fördern.

Das wichtigste Ziel ist es zu lernen, wie Sie sich in einer gesundheitlichen Krise glücklicher fühlen. Dabei werden Sie ermutigt, mindestens drei der acht Fähigkeiten täglich zu üben.

Die acht Fähigkeiten

1. Nehmen Sie sich am Ende des Tages etwas Zeit dafür, um darüber nachzudenken, was Ihr heutiges, positives Erlebnis war.

2. Nun können Sie das Erlebte aufschreiben, mit jemandem darüber sprechen und es noch einmal Revue passieren lassen.

3. Sie könnten sich auch ein Dankbarkeitstagebuch anlegen, um Ihre Gedanken festzuhalten.

---

4. Denken Sie über Ihre persönlichen Eigenschaften nach, vor allem über die positiven. Überlegen Sie sich, wie Sie diese einsetzen könnten.

5. Nun sollten Sie sich ein erreichbares Ziel setzen und Ihren Fortschritt beobachten.

6. Schreiben Sie sich eine Situation auf, welche für Sie im Vergleich weniger stressig ist und finden Sie eine Möglichkeit, wie Sie der Situation etwas Positives abgewinnen können.

7. Kennen Sie das Sprichwort „Eine gute Tat am Tag"? Orientieren Sie sich doch daran. Versuchen Sie, an jedem Tag etwas Gutes zu tun.

8. Vergessen Sie nicht, dass Sie im Hier und Jetzt leben und nicht in der Vergangenheit. Ihre Zukunft verdient Ihre Aufmerksamkeit. Sie können nämlich nicht rückgängig machen, was geschehen ist, Ihre Zukunft können Sie jedoch beeinflussen.

Aus Beobachtungen, die Dr. Moskowitz machte, ging hervor, dass Menschen mit chronischen Krankheiten wie HIV und Typ-2-Diabetes länger lebten, wenn sie sich diese 8 Fähigkeiten aneigneten und positive Emotionen zeigten.

Um Moskowitz zu zitieren: „Im nächsten Schritt wollten wir sehen, ob Menschen, denen wir die Fähigkeiten beibringen, positive Emotionen zu fördern, besser mit Stress und ihrer körperlichen Gesundheit umgehen zu können."

Menschen mit der Diagnose „HIV", welche sich diese Fähigkeiten aneigneten und ihre Medikamente regelmäßig einnahmen, benötigten weniger wahrscheinlich Antidepressiva, um mit ihrer Krankheit fertig zu werden. Dies ging aus bereits früheren Forschungen von Dr. Moskowitz und ihrem Team heraus. Hierfür wurden 159 Menschen untersucht, welche erst kürzlich von ihrer Krankheit erfahren haben. Dazu sollten sie entweder eine Art Emotions-Schulung absolvieren oder sie bekamen allgemein beratende Hilfe. Diejenigen, die die acht Fähigkeiten trainierten, gingen 15 Monate nach ihrer Diagnose wesentlich besser mit ihrer Diagnose um als andere.

In einer anderen Studie wurden 49 Patienten, die die Krankheit Typ-2-Diabetes hatten, dazu aufgefordert, positive Emotionen in einem Online-Kurs zu trainieren. Dieser Kurs konnte ihnen helfen, negative Gefühle und Stress zu reduzieren. Infolgedessen konnten die Diabetiker ihren Blutzucker besser kontrollieren, sie ernährten sich gesünder und bewegten sich auch mehr. Insgesamt wurde ihr Sterberisiko verringert, zudem rauchten sie auch weniger.

Auch bei 39 Frauen mit fortgeschrittenem Brustkrebs wurde zum Training ein Online-Kurs durchgeführt. Die Depressionen verringerten sich deutlich unter ihnen.

„Das ist keine Raketenwissenschaft. Ich stelle diese Fähigkeiten nur zusammen und teste sie wissenschaftlich."
Prof. Judith T. Moskowitz

Bei einer Sache ist Moskowitz sich jedoch sicher, nämlich, dass eine positive Lebenseinstellung die Lebensqualität durchaus verbessern kann und damit auch die Gesundheit.

WAS SIND DIE VORTEILE EINER POSITIVEN LEBENSEINSTELLUNG?

Etwa 65 % der Deutschen glauben an die Kraft des positiven Denkens. Positive Gedanken beeinflussen nicht nur einen Bereich Ihres Lebens, sondern auch auf:

- Ihr Wohlbefinden
- Ihre Wahrnehmung
- Ihren Beruf und Ihre Finanzen
- Ihre zwischenmenschlichen Beziehungen.

Aber sehen wir uns doch die Auswirkungen des positiven Denkens nun mal genauer an.

Ihr Wohlbefinden
Menschen, deren Gedanken überwiegend positiv sind, fühlen sich in der Regel auch besser. Versuchen Sie, jeder Situation, und sei sie noch so verzwickt, etwas Positives abzugewinnen. Somit kommen Sie selten in die Lage, dass Ihre Laune für

längere Zeit schlecht bleibt.

Es ist selbstverständlich, dass auch Sie sich manchmal schlecht fühlen. Jedoch sollten Sie dann eine Möglichkeit finden, etwas für sich zu tun, womit es Ihnen gleich wieder besser geht.

Ihre Wahrnehmung

Es hat sich herausgestellt, dass Menschen, die positiv eingestellt und innerlich ausgeglichen sind, eine bessere Merkfähigkeit besitzen, kreativer und ideenreicher sind und ihre Sinnesorgane besser funktionieren.

Ihr Beruf und Ihre Finanzen

Diejenigen, die mit positiven Gedanken durch ihr Leben gehen, sind meist sehr erfolgreich. Sie sehen dort eine Chance, wo andere Probleme sehen. Sie sehen Steine, die ihnen in den Weg gelegt werden, als Herausforderung; es spornt sie nur noch mehr an, ihr Ziel zu erreichen.

Dadurch, dass sie sich nicht unterkriegen lassen, können sie ihre Fähigkeiten und Kenntnisse voll entfalten. Sie trauen sich allgemein mehr zu, glauben an sich und verlieren nicht die Hoffnung.

Bevor diese Menschen nicht gänzlich vom Gegenteil überzeugt sind, rechnen sie damit, dass sie Erfolg haben werden. Sie gehen eine Sache völlig unvoreingenommen mit dem Gedanken „Ich kann" an. Rückschläge sehen sie als Erfahrungswerte, die ihnen dabei helfen werden, sich nochmals zu verbessern. Aber herunterziehen lassen sie sich davon nicht.

Auch sind dies keine Menschen, die in Fußstapfen treten, in die – bildlich gesprochen – jeder Fuß passt. Sie suchen sich neue, unbetretene Pfade, die sich jedoch mit voller Überzeugung beschreiten.

Ihre zwischenmenschlichen Beziehungen

Positiv denkende Menschen sind anderen gegenüber oft weniger misstrauisch und sehen diese nicht von vornherein als Feind.

Selbst wenn sie einer ihrer Mitmenschen enttäuscht, suchen sie nach den guten Seiten an dieser Person. Sie erhalten sich das gute Bild, was sie sich von diesem Menschen geschaffen haben. Oft werden positive Denker jedoch nicht in eine solche Situation kommen, da sie durch ihre freundliche und zuvorkommende Art meist nur Gleichgesinnte anziehen.

WELCHE NACHTEILE HAT EIN NEGATIV DENKENDER MENSCH?

Das Wohlbefinden

Die Laune von Pessimisten ist die meiste Zeit nahezu unterirdisch. Ihre Gefühle sind meistens im Keller, da sie stets mit dem Schlimmsten rechnen und immerzu nur das Schlechte im Leben sehen.

Das Auftreten von Depressionen und Angststörungen ist keine Seltenheit unter ihnen. Oft fühlen sie sich nahezu hilflos, da sie nicht wissen, was sie mit ihrem Leben so recht anfangen sollen und nicht wissen, wie sie Hilfe annehmen sollen.

Gesundheit

Pessimisten sind allgemein in einer schlechten, körperlichen Verfassung. Da das seelische Wohlbefinden eng mit der Gesundheit verbunden ist, braucht man sich da nicht zu wundern. Dadurch, dass sie ihre Abwehrkräfte mit negativen

Gedanken abschwächen, sind sie für Krankheiten wesentlich anfälliger.

Sie leiden doppelt so oft an Infektionskrankheiten und auch Forschungen bewiesen bereits, dass Hoffnungslosigkeit das Immunsystem schwächt.

Im Beruf und in den Finanzen

Da Menschen mit einer negativen Lebenseinstellung viele Chancen an sich vorbeiziehen lassen und das Unglück nahezu anziehen, sind sie in der Regel nicht recht erfolgreich. Das liegt daran, dass sie stets mit einem negativen Ausgang rechnen und Angst vor Niederlagen haben.

Handelt es sich zum Beispiel um ein Jobangebot, haben Pessimisten bei dem Vorstellungsgespräch wesentlich weniger Chancen als Optimisten. Sie zählen leider zu den weniger beliebten Mitarbeitern, da sie nur selten Eigeninitiative zeigen und allgemein eher weniger beitragen. Das bedeutet nicht, dass Pessimisten weniger begabt sind, sie trauen sich im Grunde nur viel zu wenig zu. Sie möchten keine Verantwortung übernehmen und bleiben lieber im Hintergrund des

Geschehens, da sie kein Vertrauen in ihre eigenen Fähigkeiten haben. Oft reicht auch schon ein kleiner Rückschlag und sie geben auf.

Zwischenmenschliche Beziehungen

Negativ denkende Menschen misstrauen anderen Personen häufig. Sie denken nahezu immer, dass sie hintergangen werden oder man ihnen schlechtes tun möchte. Es kann jedoch auch sein, dass sie Menschen meiden, da sie Angst davor haben, sich durchzusetzen oder „Nein" zu sagen. In einem Gespräch mit ihnen wird Ihnen auffallen, dass Pessimisten grundsätzlich darüber sprechen, wie schlecht es ihnen geht und wie mies es die Welt mit ihm/ihr doch meinen würde.

Wie Sie negatives Denken stoppen können

VERSUCHEN SIE NICHT, IHRE NEGATIVEN GEDANKEN GÄNZLICH ZU UNTERBINDEN

Verbringen Sie Ihre Zeit nicht damit, sich den Kopf darüber zu zerbrechen, wie Sie Ihre negativen Gedanken stoppen können. Somit würden Sie Ihre Aufmerksamkeit gezielt auf die Negativität lenken. Dies, wird Ihre Ängste/Zweifel nur noch verstärken und das wollen Sie schließlich nicht. Anstatt Ihre negativen Gedanken ständig zu bekämpfen, sollten Sie versuchen, sie zu analysieren und gezielt zu erkennen, sobald diese auftauchen.

Denn nur so können Sie selbst einen Lösungsweg finden, wie Sie Ihre Situation verändern können. Es ist selbstverständlich, dass diese Option wesentlich mehr Zeit kosten wird, als ein Problem einfach zu verdrängen.

Entschließen Sie sich jedoch für das Letztere, wird Ihnen das Problem ein Leben lang Schwierigkeiten bereiten, da etwas Ungelöstes nicht ruhen kann. Mag sein, dass das Problem dann fürs Erste verschwindet, aber mit Sicherheit wird es zurückkommen, wenn auch in einer anderen Art und Weise.

VERSTEHEN SIE IHRE DENKWEISE

Nehmen Sie sich einfach einmal die Zeit, um darüber nachdenken, wie Sie aktuell denken.

Überlegen Sie sich, in welchen Situationen die negativen Gedanken auftauchen. Kommen sie während der Arbeit auf? Im Supermarkt? Oder vielleicht sogar, wenn Sie Zeit mit anderen verbringen? Haben Sie dies herausgefunden, können Sie wie folgt vorgehen:

Nun, da Sie die Quelle Ihrer negativen Denkweise identifiziert haben, sollten Sie sich fragen, warum Sie in diversen Situationen fühlen, wie Sie fühlen. Denn, je genauer Sie Ihre Gedanken analysieren, umso besser und schneller können Sie eine Strategie entwickeln, die Ihnen in Zukunft helfen wird, damit umzugehen.

Und das wird der nächste Schritt sein, den Sie bestenfalls unternehmen. Entwickeln Sie eine Lösung für Ihr Problem, denn nur so können Sie es auch wirklich besiegen. Sagen Sie Ihren negativen Gedanken den Kampf an! Zuerst sollten Sie sich fragen, ob Ihre Gedanken realis–tisch sind. Sind Ihre Zweifel berechtigt oder sind Sie begleitet von Ihren Ängsten und Ihren negativen Gedankenansätzen? Versuchen Sie einmal, Ihre Gedanken aus der Sicht eines anderen Menschen zu sehen. Bekannterweise hilft oft schon ein Wechsel der Perspektive, um einen Lösungsanfang zu finden.

Würden Sie zum Beispiel Ihrem besten Freund/Ihrer besten Freundin recht geben, wenn dieser/diese sagen würde, dass er/sie ein Versager sei? Nein! Sie würden Ihnen deutlich ins Gewissen reden, dass dies nicht der Fall ist. Und diese Denkweise sollten Sie auch bei sich selbst anwenden.

Ertappen Sie sich also beispielsweise dabei, wie Sie sich denken: „Das schaffe ich nicht.", dann ändern Sie diesen Gedanken sofort um. Sagen Sie sich: „Ich werde es schaffen, ich bin stark genug." Ersetzen Sie doch einfach auch gleich das Wort „will" durch das Wort „werde". Dementsprechend wollen Sie nicht, nein, Sie werden! Glauben Sie mir, ich weiß, was es für einen Unterschied macht, wenn man sich selbst gut zuspricht, auch wenn man eigentlich zweifelt.

VERURTEILEN SIE SICH NICHT!

Was ich Ihnen jetzt beschreiben werde, wird Ihnen nicht fremd sein, denn sind wir doch mal ehrlich: Wer hat sich denn noch nicht in der folgenden Situation befunden?

Sie haben sich endlich ein Ziel gesteckt und Ihren inneren Schweinehund überwunden. Sie sind voller Motivation und sind zielstrebig. Doch dann beginnen Sie damit, Menschen zu betrachten, die Ihr Ziel schon erreicht haben.

An dem Punkt bringe ich jetzt eine Erfahrung ein, die ich selbst auch schon gemacht habe. Mein Ziel damals war es, Gewicht zu verlieren. Mit großer Begeisterung und Tatendrang startete ich also meine Diät. Natürlich war ich von meinem Ziel noch meilenweit entfernt, jedoch sprangen mir mittlerweile die nahezu perfekten Bikini-Schnappschüsse auf Social Media nahezu in die Augen. Mir war bewusst, dass ich mein Gewicht nicht von heute auf morgen verlieren würde. Und trotzdem frustrierte mich diese Tatsache, da ich täglich diese Menschen im Internet sah, die meinen Traum bereits lebten, und ich im Spiegel noch nicht das Gleiche gesehen habe. Somit habe ich mir selbst unterbewusst einen Druck aufgebaut, denn ich habe mich gefragt, warum andere besser sind als ich; warum diese ihr Ziel bereits erreicht haben und ich nicht.

Was lernen wir also daraus? Sie sollten sich nicht unter Druck setzen, bleiben Sie weiterhin in Ihrem Tempo, schließlich ist das Ihr persönlicher Weg und nicht der der anderen.

DER RICHTIGE UMGANG MIT KRITIK

Die meisten Menschen wissen oft nicht, wie sie mit Kritik umgehen sollen. Klar ist auch, dass niemand gern kritisiert wird.

Jedoch kann konstruktive Kritik äußerst hilfreich sein. Warum?

Sie hilft Ihnen, Ihre noch vorhandenen Schwachstellen zu identifizieren und liefert Ihnen einen guten Gesamteindruck Ihrer Leistung. Sprich: Kleinigkeiten, die Ihnen vielleicht noch gar nicht aufgefallen sind, werden angesprochen. Somit öffnet sich Ihnen die Möglichkeit, Ihre Leistung zu verbessern. Sie finden also heraus, woran Sie noch arbeiten müssen und machen somit wertvolle Fortschritte.

Doch nicht immer wird eine Kritik

konstruktiv ausgesprochen, manchmal richtet sie sich leider gegen Ihre Person. Mit Sicherheit kennen auch Sie Menschen, denen man es einfach nicht recht machen kann, egal, was Sie wie auch tun würden. Nicht konstruktive Kritik sollten Sie am besten schlichtweg ignorieren. Diese bezieht sich nicht auf Ihre Leistung, sondern geht gegen Ihre Person. Und auf diese Art von Kritik können Sie gut und gern verzichten.

Also merken Sie sich, konstruktive Kritik bedeutet Fortschritt. Sie bringt Sie auf Ihrem Weg voran und hilft Ihnen, Ihren Schwachstellen den Kampf anzusagen.

Was andere Menschen dazu sagen

Nun möchte ich einige Zitate aufführen, die zeigen, dass wir uns nicht erst seit gestern mit der gesamten Thematik beschäftigen.

Eines der ältesten Zitate entstammt sogar der Bibel! „Alles, was ihr bittet in eurem Gebet, glaubet nur, dass ihr's empfangen werdet, so wird's euch werden." Bibel, Markus Kapitel 11, Vers 24

„Gedanken werden Dinge. Wenn Sie es in Ihrem Kopf sehen, werden Sie es in den Händen halten." Bob Proctor

„Das, was jemand über sich selbst denkt, bestimmt sein Schicksal." Mark Twain

„Das Glück deines Lebens hängt von der Beschaffenheit deiner Gedanken ab." Marcus Aurelius

„Das Gesetz der Anziehung wird am besten verstanden, wenn du dich selbst als einen Magneten siehst, der mehr und mehr von dem erhält, was er fühlt." Abraham Hicks

„Wir sind, was wir denken. Alles, was wir sind, entsteht aus unseren Gedanken. Mit unseren Gedanken formen wir die Welt." Buddha

„Das Spiel des Lebens ist ein Spiel voller

Bumerangs. Unsere Gedanken, Handlungen und Worte kehren früher oder später mit erstaunlicher Zielgenauigkeit zu uns zurück." Florence Scovel Shinn

„Egal, ob du denkst, du kannst es oder du kannst es nicht, du wirst recht behalten." Henry Fort

„Das Gesetz der Anziehung wird am besten verstanden, wenn du dich selbst als einen Magneten siehst, der mehr und mehr von dem erhält, was er fühlt." Abraham Hicks

„Das große Geheimnis ist eine kontrollierte Aufmerksamkeit, die nachdrücklich und wiederholend auf das als bereits vollendet betrachtete Ziel gerichtet ist." Neville Goddard

„Der Gedanke ist die eigentliche geistige Großmacht, die die Welt beherrscht. Er ist stärker als jede andere Kraft, mächtiger als alle Materie." Ralph Waldo Emerson

Selbst in Asien besagt ein altes Sprichwort:
„Zeige mir eine Person um die 20, so sehe ich das Ergebnis ihrer Gene. Zeige mir die Person um die 50, so sehe ich das Ergebnis ihrer Gedanken."

Sie sehen also, Menschen aus den unterschiedlichsten Ländern befassen sich umfassend mit der Welt der Gedanken und der Gefühle.

Die 10 Punkte-Anleitung zu Ihrer Wunscherfüllung

DIE RICHTIGE FORMULIERUNG:

Wieso fangen Sie nicht einfach einmal damit an, Ihre Wünsche als Ziele zu sehen? Ziele motivieren uns, Ziele möchte man erreichen, auf Ziele können Sie hinarbeiten.

Wenn Sie zum Beispiel eine Lohnerhöhung erhalten möchten, sollten Sie nicht länger sagen: „Ich hätte wirklich gern eine Lohnerhöhung", sondern Sie sollten anfangen umzudenken. Sie sollten sich fragen: Was muss ich tun, um mein Ziel zu erreichen?

Betrachten Sie deshalb die Antwort auf Ihre Frage daraufhin als Ihr persönliches Ziel. Dann wird aus Ihrem anfänglichen „Ich hätte gern ...“-Denken ein „Ich werde...“-Denkbewusstsein.

Oder anders gesagt: Sie lenken Ihre Gedanken damit in eine positive Richtung und erzeugen positive Schwingungen.

ICH BIN

Hier führe ich am besten zuerst ein Beispiel dazu an: Ihr Ziel ist es, selbstbewusster zu werden und Stärke auszustrahlen.

Die gute Nachricht ist, Ihr „Training“ lässt sich ganz einfach in Ihren Alltag integrieren. Stehen Sie zum Beispiel seit Ewigkeiten in der Warteschlange und jemand anderes drängelt sich vor, jetzt, da eigentlich endlich Sie an der Reihe wären, dann machen Sie Ihren Mund auf! Bestehen Sie darauf, zuerst bedient zu werden. Das mag sich jetzt vielleicht spießig und kleinkariert anhören, jedoch wird es Ihnen enorm helfen.

Ihr altes Ich hätte sich jetzt vermutlich innerlich geärgert, hätte aber nicht den Mut aufgebracht, etwas an dieser Situation zu ändern.

Stehen Sie für sich selbst ein und fordern Sie ein, was Ihnen zusteht, denn nur so gewöhnt sich Ihr Unterbewusstsein daran, dass Sie nun die Kontrolle übernehmen.

POSITIVE FORMULIERUNGEN

In Zukunft sollten Sie genauer auf Ihre Wortwahl achten, denn auch diese kann Ihre positiven Schwingungen stark beeinflussen.

Als Erstes werden dafür die Wörter „Nicht" und „Kein" aus Ihrem Wortschatz gestrichen! Ebenso sollten Sie Ihre Sätze mit den Worten „Ich werde!" beginnen, somit haben Sie stets Ihr Ziel im Auge, überzeugen sich selbst und entwickeln den Ehrgeiz, der Ihnen im Moment eventuell fehlt. Kämpfen Sie für Ihre Ziele und setzen Sie sich dafür ein. Denn nur so können Sie positive

Gedankenstränge bilden, die sich unweigerlich auf Ihre Außenwelt auswirken werden.

GESETZ VON URSACHE UND WIRKUNG

Mit Sicherheit haben auch Sie schon Situationen erlebt, in denen Sie sich dachten: „Was für ein Zufall!" Doch ich sage Ihnen nun etwas: Sowas wie Zufälle gibt es nicht.

Das Wort wird gern genutzt, bei Dingen, deren Ursache wir nicht verstehen oder erkennen. Machen Sie zum Beispiel einen gemütlichen Spieleabend mit Ihren Liebsten und sind an der Reihe mit dem Würfeln, dann ist Ihr Ergebnis auch davon abhängig, wie stark Sie gewürfelt haben oder auch von der Oberfläche des Tisches.

Personen, die denken, dass etwas ein Zufall ist, reagieren nur auf die Wirkungen, jedoch agieren sie nicht. Sie aber müssen lernen, mit Ihren Ursachen zu interagieren. Fangen Sie an, die Ursachen zu ändern, dann ändern Sie dadurch deren Wirkung. Klingt logisch, oder?

Wie man das genau macht, werde ich Ihnen jetzt erzählen. Am besten beginnen Sie damit, sich ein Überzeugungsbuch anzulegen, denn so lassen sich Ihre persönlichen Ursachen und Wirkungen besser erkennen.

Schreiben Sie nun zuerst alle Ihre Überzeugungen auf die linke Seite in diesem Buch, um dann anschließend auf der rechten Seite des Blatts die Gegenpole Ihrer Überzeugungen aufzuschreiben.

Dies könnte in etwa so aussehen:

Pol: Ich habe zu wenig Geld,
Gegenpol: Welche Leistung muss ich für eine Lohnerhöhung bringen?

Haben Sie Ihren Gegenpol gefunden, können Sie endlich die eigentliche Ursache loslassen und müssen sich nicht mehr darum kümmern.

FORMULIEREN SIE PRÄZISE

Sie haben sich Ihre Ziele nun gesteckt? Wissen, was Sie erreichen möchten und sind bereit, daran zu arbeiten?

Dann sollten Sie diese nun möglichst präzise und detailliert formulieren. Denn umso klarer und geplanter Ihr Wunsch, desto eher wird er in Erfüllung gehen. Handelt es sich bei Ihrem Wunsch beispielsweise um ein Auto, dann sagen Sie: „Ich freue mich darauf, im Sommer mit meinen Freunden in meinem roten Cabriolet durch die Stadt zu fahren und mir den Wind durch die Haare wehen zu lassen.“

Stellen Sie sich förmlich vor, wie sich die pralle Sommersonne in Ihrer roten Motorhaube spiegeln wird. Denken Sie daran, wie schön warm sich die Motorhaube anfühlen wird, wenn Sie darauf sitzen und ein leckeres Eis genießen. Wichtig ist, trotzdem einen Spielraum für die Art und Weise der Erfüllung des Wunsches freizulassen, sonst kann es passieren, dass er sich anders erfüllt, als Sie ihn sich vorgestellt haben. Verwenden Sie außerdem keine Verneinungen. Denken Sie nicht mehr an das, was sie nicht wollen. Was wird sonst daraufhin folgen? Richtig, Sie ziehen nur noch mehr davon an.

Fokussieren Sie sich eher darauf, was Sie erreichen möchten, somit wird die Negativität aus Ihren Gedanken verbannt.

VORSTELLUNGSKRAFT

Jetzt kommt es darauf an, auch wirklich zu 100 % von dem Gesetz der Anziehung überzeugt zu sein. Das Gesetz ist universell und somit auf alles und jeden zu jeder Zeit anwendbar. Nun liegt es an Ihnen, ob Sie sich dieses Gesetz zunutze machen wollen, um Ihr persönliches Wunschleben zu gestalten, oder ob Sie sich den Gesetzmäßigkeiten einfach so ausliefern. Nur, wenn Sie das Prinzip wirklich verstanden und verinnerlicht haben, werden Sie es bewusst anwenden können. Stellen Sie sich vor, wie gut Sie sich fühlen werden, sobald Ihre Wünsche in Erfüllung gehen werden. Glauben Sie an sich und Ihr Durchhaltevermögen!

Oder um es in den Worten von Marc Aurel zu sagen: „Das Leben eines Menschen ist gefärbt von der Farbe seiner Vorstellungskraft."

VISUALISIEREN

Wenn Sie sich etwas in Ihrem Kopf vorstellen, fangen Sie an, etwas zu erschaffen. Je öfter und intensiver Ihre Vorstellung, umso stärker wird die Anziehung.

Deshalb ist das Visualisieren eine kraftvolle und effektive Methode, um Sie Ihren Zielen näherzubringen. Nun sollten Sie sich Ihr Ziel mit all seinen Facetten vor Ihrem geistigen Auge vorstellen. Handelt es sich hierbei zum Beispiel um einen neuen Fernseher, dann stellen Sie sich vor, wie Sie mit Ihren Liebsten gemütliche Film-Abende veranstalten. Wie gesellig es sein wird, mit Ihren Liebsten zusammenzusitzen, Knabbereien dabei zu naschen und sich über die Filme auszutauschen. All das wird Ihnen helfen, Ihren Wunsch schneller in Erfüllung gehen zu lassen.

EMPFANGSBEREITSCHAFT

Sie müssen empfangsbereit sein, anders wird es nicht funktionieren. Das kann ich Ihnen gleich vorab schon einmal verraten. Gefühle sind von großer Bedeutung, wenn es um das Manifestieren geht.

Da unser Gehirn nicht zwischen tatsächlich Erlebtem und Fantasie unterscheiden kann, können Sie auch bereits so tun, als hätte sich Ihr Wunsch schon erfüllt.

Somit können Sie direkt positive Schwingungen allein durch Ihre Gedanken aussenden. Das bedeutet, selbst wenn Sie nur vortäuschen, glücklich zu sein, werden Sie entsprechende Signale aussenden!

DAS GESETZ DER ANERKENNUNG

Erkennen Sie jede noch so kleine, von Ihnen erbrachte Leistung und seien Sie stolz auf sich! Jeder Schritt auf Ihrem persönlichen Weg zum Glück ist wichtig. Sei er noch so winzig. Ist es also Ihr Ziel, körperlich fitter zu werden, und Sie haben heute beim Joggen 500 m mehr geschafft als gewöhnlich, dann belohnen Sie sich auch dafür! Feiern Sie Ihren Erfolg mit einer Kleinigkeit, die Sie glücklich macht.

Sei es mit einer Zeitschrift oder einfach einem leckeren Kaffee. Sollten Sie also bereits kleine Fortschritte auf Ihrem Weg bemerkt haben, dann nehmen Sie sich die Zeit, darüber nachzudenken. Setzen Sie sich und schreiben Sie Ihre Erfolge auf. Das motiviert Sie, weiterhin am Ball zu bleiben und nicht nachzulassen.

Außerdem können Sie sich auf diese Art und Weise bereits einen guten Überblick über Ihre Situation verschaffen. Was haben Sie bis jetzt erreicht und woran müssen Sie noch etwas arbeiten? All das werden Sie erfahren, sobald Sie Ihre Situation neu überdacht und verstanden haben.

VERTRAUEN

Zu guter Letzt benötigen Sie nur noch eine große Portion Vertrauen.

Vertrauen in das Universum, in Ihre eigene Person, in Ihre Stärken und in Ihre positive Denkweise. Seien Sie nicht frustriert, wenn Sie nach nur einem Monat noch keine Veränderung feststellen können. Das ist normal, schließlich haben Sie damit begonnen, Ihr Leben grundlegend zu verändern und das braucht Zeit.

Wie sagt es der Volksmund gern?
„Gut Ding will Weile haben!"
Und vergessen Sie nicht: Sie sind allen Situationen gewachsen, wenn Sie nur sich selbst vertrauen.

Die häufigsten Fehler

WARUM ES NICHT FUNKTIONIERT

D er erste grundlegende Fehler ist es, sich Dinge aus einem Mangel heraus zu wünschen.

Ist es beispielsweise Ihr Wunsch, über mehr Geld zu verfügen, dann müssen Sie darauf achten, keinen Mangel auszustrahlen.

Damit meine ich, Sie dürfen sich nicht auf die Negativität fokussieren, in dem Sie sich immer wieder ins Gedächtnis rufen, wie wenig Geld Sie zur Verfügung haben. Dies würde einen Mangel ausstrahlen und somit schlechte Schwingungen hervorrufen. Genau das wollen Sie schließlich nicht.

Der zweite, nicht gerade unerhebliche Fehler ist Ihre Wortwahl. Achten Sie zukünftig ganz genau, wie Sie Ihre Gedanken formulieren und streichen Sie Wörter wie „Kein" und „Nicht" aus Ihrem Wortschatz.

Diese ziehen Sie nur runter und bewirken genau das Gegenteil von dem, was Sie sich wünschen. Zukünftig sagen Sie: „Ich **bin** ein Gewinner!"

Der dritte Fehler besteht darin, dass Sie an der Erfüllung Ihrer Wünsche zweifeln. Dies darf nicht auch nur ein einziges Mal so sein.

Denn selbst der kleinste Zweifel wird irgendwann zu vielen, großen Zweifeln führen und genau diese stehen Ihnen dann bei Ihrer Wunscherfüllung im Weg.

Wie Sie mittlerweile wissen, arbeitet und gilt

das Gesetz der Anziehung den ganzen Tag und die ganze Nacht. Anders gesagt: Es ist immer da.

Vertrauen Sie darauf, dass das Universum Ihre Wünsche erfüllt, und gedulden Sie sich dabei, dann bin ich mir sicher, werden Sie schon bald Ihr Wunschleben leben.

Meine persönliche Meinung

Nun sollten Sie alles zu dem Gesetz der Anziehung wissen, was Ihnen helfen wird, Ihr Leben umzukrempeln, wenn Sie das nur möchten. Zu guter Letzt meine eigene Meinung zu dieser gesamten Thematik.

Ich möchte ehrlich mit Ihnen sein.

Als ich mich das erste Mal mit dem Gesetz der Anziehung befasst habe, verbrachte ich unglaublich viel Zeit damit, mir Blogs, Artikel und Bücher zu diesem Thema durchzulesen. Eine Freundin erzählte mir einmal davon, also begann ich, mich darüber zu informieren.

Nur irgendwann fiel mir auf, dass ich zwar unglaublich viel zu diesem Thema gelesen habe, mir jedoch zurückblickend nicht wirklich tiefgründiges Wissen mitgegeben wurde.

Alles, woran ich mich erinnern konnte, waren selbsterkorene Coaches, die sich angeblich bestens damit auskannten. Sie wollten mir vermitteln, dass ich alles schaffen könne, wenn ich nur daran glaube.

Die Aussage an sich finde ich noch nicht einmal falsch. Traurigerweise wird diese Art zu denken beispielsweise keinen Krebs heilen. Das mag nun ein hartes Beispiel sein, jedoch zeigt es deutlich, wie gefährlich es unter anderem sein kann, die Kontrolle nahezu vollständig in die Hände des Universums zu legen.

Als mir dann noch beinahe jeder Artikel die gleichen wertvollen Tipps mit auf den Weg geben wollte, reichte es mir.

Ich beschloss, mich gründlicher damit

auseinanderzusetzen und stieß dabei auf den psychologischen Aspekt, der mir persönlich um einiges schlüssiger war. Plötzlich fand ich Studien, Zahlen und plausibel klingende Fakten zu dem Gesetz der Anziehung.

Während ich zuvor noch genervt von Esoterik-Seite zu Esoterik-Seite wanderte, um auch nur ein kleines bisschen an Hintergrundinformationen zu erhalten, saß ich nun interessiert vor dem Laptop und gab dem Ganzen eine Chance. Und siehe da, als mir das Prinzip hinter der Wissenschaft, der Psychologie und den einzelnen Punkten auch wirklich erklärt wurde, stand ich dem Gesetz der Anziehung gar nicht mehr so kritisch gegenüber.

Vor allem eine Aussage, welche ich gelesen habe, enthält meiner Meinung nach, viel Wahrheit. „Ihr Leben ist der Spiegel Ihres Bewusstseins." Als ich wirklich intensiv darüber nachgedacht habe, wurde mir bewusst, dass dies der Wahrheit entsprach.

Auch ich finde mich heute noch in Situationen wieder, in denen ich von früheren Ereignissen, welche mich stark geprägt hatten, beeinflusst werde. Das wichtige ist jedoch, dass man eben seine Schwachstellen und Probleme analysiert und sich wirklich damit auseinandersetzt.

Ich spreche aus eigener Erfahrung, wenn ich sage, dass dies wesentlich effektiver ist, als seine Gedanken und Emotionen zu verdrängen. Stattdessen, und da gebe ich dem Gesetz der Anziehung auch wirklich recht, sollten Sie die Wurzel Ihres Problems finden, nur so können Sie auch damit arbeiten.

Nur, wenn Sie bereit sind, an sich zu arbeiten, werden Sie es schaffen, und das wird ein harter Weg werden. Auch mich haben meine Gewohnheiten und der Alltag oft wieder eingeholt.

Und hier kommen wir zu dem Punkt, an dem ich der Thematik in der Selbsthilfe-Literatur kritisch gegenüberstehe. In der Lebensberatung und in der Esoterik wird geschrieben, man könne sich sein eigenes Traumleben erschaffen, wenn Sie es sich nur stark genug wünschen. Das ist Schwachsinn. Natürlich wird Ihnen ein positives Gedankenkonstrukt um einiges hilfreicher sein als ein negatives, das Gesetz der Anziehung mag Ihnen auch einige Anhaltspunkte liefern, die Sie gut nutzen können, dies ist aber nur eine Starthilfe.

Konkret etwas an Ihrer Lage zu ändern, liegt wiederum komplett in Ihren Händen. Die Erfüllung Ihrer Wünsche wird Ihnen nicht einfach in den Schoß fallen.

Es wird Sie Schweiß, harte Arbeit und vielleicht auch Tränen kosten und es wird ein langer Weg werden. Vielleicht werden Sie auch Rückschläge einstecken müssen, aber betrachten Sie diese doch als Möglichkeit, dazuzulernen. Alles, was Sie tun müssen, ist, stark zu bleiben. Gehen Sie Ihren Weg und stehen Sie hinter Ihren Entscheidungen, nur so werden Sie Ihr Ziel auch wirklich erreichen.

Herstellung und Verlag:

BoD – Books on Demand, Norderstedt

ISBN: 9783753495088

© Elena Bluhm 2020

1. Auflage

Kontakt: Psiana eCom UG/ Berumer Str. 44/ 26844 Jemgum

Covergestaltung: Fenna Larsson

Coverfoto: depositphotos.com